NOTICE HISTORIQUE

SUR

LES THERMES

ET

L'HOTEL DE CLUNY

Paris

BELIN-LEPRIEUR, LIBRAIRE

5, rue Pavée-St-André-des-Arcs

Et chez le Concierge de l'Hôtel de Cluny.

14, rue des Mathurins-Saint-Jacques

M DCCC XLI

LE PALAIS DES THERMES

et

L'HOTEL DE CLUNY.

IMPRIMERIE D'AMÉDÉE GRATIOT ET Cᵉ,
Rue de la Monnaie, 11.

NOTICE HISTORIQUE

SUR

LES THERMES

ET

L'HOTEL DE CLUNY

PARIS

BELIN-LEPRIEUR, LIBRAIRE

5, rue Pavée-St-André-des-Arcs

Et chez le Concierge de l'Hôtel de Cluny

14, rue des Mathurins-Saint-Jacques.

M DCCC.XLI

Monuments de la vieille France.
Passé plus frais que l'avenir.
Ou trouverai-je une espérance
Égale a votre souvenir ?
          ÉMILE-DESCHAMPS).

AVERTISSEMENT.

A plupart des Notices pu-
bliées jusqu'à ce jour, sur le
Palais des Thermes et sur
l'Hôtel de Cluny, sont loin
d'être exactes et complètes[1].

[1] Il faut en excepter le consciencieux
et remarquable ouvrage que M. Dusom-

Aussi, pour bien connaître ces deux monuments, faut-il recourir aux différents historiens qui en ont fait mention, et, par conséquent, feuilleter des volumes entiers, afin d'y découvrir quelques détails épars çà et là dans des ouvrages souvent fort considérables. Heureux encore celui que le hasard favorise dans cette pénible recherche !

merard a fait paraître à la fin de l'année 1834, mais qui ne remplit pas le but que je me suis proposé, c'est-à-dire de débarrasser l'histoire de ces deux monuments de tout ce qui leur est étranger. (V. *Notice sur l'hôtel de Cluny et sur le palais des Thermes, avec des notes sur la culture des arts, principalement dans les* xve *et* xvie *siècles,* décembre 1834, in-8°.)

J'ai pensé qu'on ne lirait pas sans quelque intérêt un résumé exact des documents divers que l'histoire nous a transmis sur ces deux beaux édifices; c'est ce qui m'a fait entreprendre ce travail. Je me suis attaché, avant tout, à la vérité historique : aussi ai-je pris soin de remonter, le plus souvent possible, aux sources où les modernes ont puisé leurs détails, et, pour mettre le lecteur à même de vérifier les faits, j'ai indiqué scrupuleusement les textes que j'ai suivis. Enfin, j'ai réuni, à la fin de cette NOTICE, quelques Notes destinées à lui servir d'explication et de complément.

J. B.

PALAIS DES THERMES.

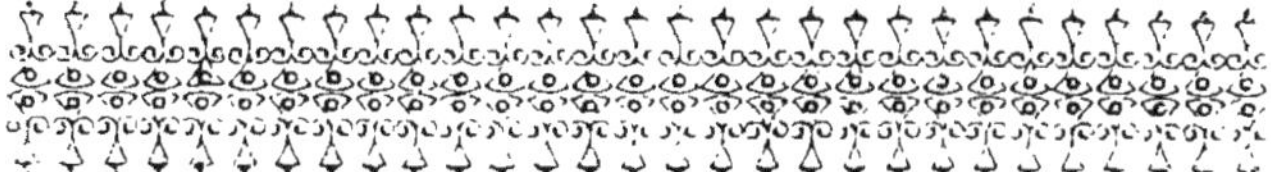

PALAIS DES THERMES.

L A partie méridionale de Paris,
aujourd'hui moins étendue et moins
peuplée que la partie septentrionale, était
du temps de la domination romaine,
bien plus riche en monuments et en ins-

titutions religieuses, civiles et militaires [1].

Cette partie se nommait alors le faubourg *Lucotitius* ou *Lucotitie* [2], et ce
nom, à la désinence près, est le même
que celui de l'île de la Cité, appelée
Lucotetia, dont on a fait plus tard *Lutetia*.

[1] Dulaure, *Histoire de Paris*, page 102, tome 1,
(5ᵉ édition).

[2] Dans le diplôme de fondation de l'église de *Saint-
Vincent*, dite aujourd'hui église de *Saint-Germain-
des-Prés*, on lit que le roi Childebert fonda cette
église *in terrâ quæ aspicit ad fiscum isciacensem,
in loco qui appellatur* LOCOTITIE (*Diplomata,
chartæ*, etc., tome 1, page 54). La Vie de Saint-
Dorovée, abbé de ce monastère, porte que Childebert
vint à Paris, et fonda une église en l'honneur de
Saint-Vincent, dans un faubourg de cette ville, et
dans un lieu nommé LUCOTITIUS (*Recueil des Historiens de France*, tome III, page 437.)

De tous les édifices qui, à cette époque reculée, décoraient ce faubourg, le plus remarquable et le plus vaste était, sans contredit, le PALAIS DES THERMES [A]. Ses bâtiments [B] et ses cours (*atria*) s'élevaient, au midi, jusqu'aux environs de la Sorbonne ; c'est du moins ce qu'il faut conclure des descriptions que nous en ont laissées quelques historiens, entre autres Jean de Hauteville, qui écrivait avant que Philippe-Auguste eût fait disparaître une partie de cet édifice pour construire le mur d'enceinte de Paris ; il prétend que le principal bâtiment était situé sur la partie la plus élevée de la montagne[1]. Du même côté, et au-delà, se trouvait la

[1] Voici, en effet, le titre du chapitre où cet écrivain décrit ce palais : *De aulâ in montis vertice constitutâ.*

place d'armes, ou le *campus*, désigné par Ammien Marcellin[1]. A ce *campus*, qui devait occuper les emplacements de l'ancien couvent des Jacobins, de la place Saint-Michel, etc., aboutissait la voie romaine d'Orléans à Paris, par le village d'Issy

Toute cette partie méridionale dépendait du palais des Thermes, puisqu'on a la certitude que les rois francs, qui ont succédé aux empereurs romains dans la propriété de ce palais, possédaient de même, et retenaient sous leur censive ces divers emplacements.

On ne connaît pas bien les limites de

---

[1] Amm. Marcell., lib. 20, cap. 4. — *Voir aussi* Zozime (édition d'Oxon), lib. 3, pages 152 et 710.

ce palais à l'ouest : il est probable qu'il
s'arrêtait à la ligne tracée actuellement
par la rue de la Harpe. A l'est, il était
borné par la voie d'Arcueil à Paris (aujourd'hui la rue Saint-Jacques).

Au nord, les bâtiments se prolongeaient jusqu'à la rive gauche du petit
bras de la Seine. M. de Caylus, qui a soi-
gneusement exploré les traces de ces
constructions antiques, assure que, dans
les caves des maisons situées entre la rivière et les restes du palais des Thermes,
on trouve des piliers et des voûtes de
maçonnerie romaine : il ajoute qu'a-
vant la démolition du Petit-Châtelet [1],

---

[1] Forteresse située au bas de la rue Saint-Jacques
et à l'extrémité méridionale du Petit-Pont. Le Grand-

on y voyait des arrachements de murs antiques qui se dirigeaient vers ce palais [1].

La salle qui subsiste encore aujourd'hui, unique reste d'un palais aussi vaste, offre dans son plan deux parallélogrammes contigus, formant ensemble une seule pièce. Le plus grand a 62 pieds de longueur sur 42 de largeur, et le plus petit 50 pieds sur 18. Les voûtes à arêtes et à pleins cintres, qui couvrent cette salle, s'élèvent jusqu'à 42 pieds au-dessus du sol. Telle est la solidité de ces voûtes, qu'elles ont résisté pendant

Châtelet était bâti à l'extrémité septentrionale du Pont-au-Change.

[1] *Recueil d'Antiquités*, tome 2, page 313.

quinze siècles aux ravages de toute espèce, et qu'elles ont supporté, durant de
longues années, et sans éprouver de dé-
gradations sensibles, une épaisse couche
de terre cultivée en jardin et plantée de
grands arbres [c].

L'architecture majestueuse de cette
salle est remarquable par la simplicité de
ses ornements. Les faces des murs pré-
sentent trois grandes arcades, dont celle
du milieu est la plus élevée, genre de
décoration fort en usage au IVe siècle.
La face du mur méridional a cela de par-
ticulier que l'arcade du milieu affecte la
forme d'une grande niche dont le plan
est demi-circulaire. Quelques trous, pra-
tiqués dans cette niche et dans les arcades
latérales, ont fait présumer qu'ils ser-

vaient à l'introduction des eaux destinées aux bains.

Les arêtes des voûtes, en descendant le long des murs, se rapprochent, se réunissent et viennent s'appuyer sur des consoles représentant des poupes de vaisseaux. Selon Dulaure [1], « ces poupes, symboles » des eaux, servaient sans doute à carac- » tériser la destination de ce lieu. »

La maçonnerie de ce monument se compose de plusieurs rangs alternatifs de moellons régulièrement taillés et de briques, recouverts en quelques endroits d'une couche de stuc épaisse de 4 à 5 pouces. Du côté du nord, on remarque

[1] *Histoire de Paris*, tome I, page 115

des bandeaux d'arcades, composés de pierres d'un grain fin, sculptées en cannelure, et assez bien conservées. Du même côté, on a découvert, après avoir fouillé le sol à deux ou trois pieds de profondeur, un mur qui semble indiquer que là se trouvait le bassin ou la piscine des bains.

On a mis aussi à découvert, dans la partie occidentale, la naissance d'un escalier par lequel on devait descendre dans les souterrains.

L'étendue de ces souterrains n'est pas entièrement connue : des amas de décombres s'opposent à ce qu'on y pénètre au-delà de quatre-vingts pieds environ. Ils sont à deux étages l'un sur l'autre : le

premier est à dix pieds au-dessous du
sol, et le second à six pieds au-dessous du
premier. Chaque étage est divisé en trois
berceaux parallèles, soutenus par des
murs de quatre pieds d'épaisseur, et
communiquant entre eux par des
portes [D].

On trouve encore plusieurs fragments
antiques sur diverses parties du sol qui en-
vironne la salle que nous venons de décrire. A l'hôtel de Cluny, dans un bâtiment situé à gauche en entrant dans la
cour, on voit plusieurs murs et voûtes
qui dépendaient de l'édifice principal.
Dans les caves d'une maison située rue
de la Harpe, au n° 66, et précisément en
face du palais romain, il y a également
un mur de construction antique.

Il existait, il y a à peu-près un siècle, derrière la salle des Thermes, une autre salle moins étendue, dont la voûte était de même chargée d'une épaisse couche de terre et cultivée en jardin. Elle a été démolie, dit M. Bonami, en 1757 [1].

Les eaux des Thermes provenaient d'Arcueil, village situé au midi et à deux lieues de Paris, et qui doit son nom aux arches et arcades de l'aqueduc romain, dont une partie subsiste encore auprès de l'aqueduc moderne [2]. Ces restes antiques offrent des masses assez considérables de

[1] *Mémoire de l'Académie des Inscriptions* tome XV, page 679.

[2] Celui-ci, construit sur les dessins de Jacques de Brosse, par ordre de la reine Marie de Médicis, a été entièrement terminé en 1624.

maçonnerie romaine, semblable à celle du palais des Thermes. A diverses époques et sur différents points, on a découvert le canal de conduite des eaux. On en déterra une partie, en 1544, en travaillant à des fortifications près de la porte Saint-Jacques. Une autre portion fut trouvée, en 1777, lorsqu'on consolida les nombreuses carrières de Paris et des environs [1].

« Ce canal suivait, dit M. Héricart de Thury, les pentes de la colline sur la rive gauche de la vallée de Gentilly ou de Bièvre. D'après toutes les parties qui ont été reconnues par MM. Husset et Caly, ingénieurs des mines, il paraîtrait que, dans une grande partie de son cours,

[1] Dulaure, *Histoire de Paris*, tome I, page 130.

cet aqueduc n'était qu'un petit canal à découvert, ou un chenal fait en béton de chaux, sable, ciment, cailloux et meulières, broyées et pulvérisées. Des ponts avaient été jetés de distance en distance sur cette rigole. La direction de son cours a encore été reconnue, en 1811, sur le bord de la voie creuse (chemin qui se dirige du faubourg Saint-Marcel au Petit-Montrouge, nommé, depuis 1818, rue des Catacombes), où, en perçant un puits de service qui répond aux Catacombes, on a trouvé l'aqueduc romain à 5 mètres de profondeur [1]. »

Quelques mots maintenant sur les jardins du palais des Thermes.

[1] *Description des Catacombes*, par **M.** Héricart de Thury, pag. 261.

On sait qu'à Rome les palais des empereurs, les maisons des citoyens opu-
lents, étaient toujours accompagnés de
vastes et magnifiques jardins. Ceux de
Tarquin, de Jules César, d'Agrippa, qui,
après lui, appartinrent à Caligula et à
Néron ; ceux de Pompée, de Lucullus et
de Salluste sont célèbres dans l'histoire ; les Romains en faisaient leurs
délices. Les Thermes de Paris, construits
par un empereur romain, devaient donc
avoir leurs jardins[1].

Ces jardins, en effet, étaient immenses.

Au sud, leur limite est incertaine :
elle devait partir des points les plus mé-

[1] Dulaure, *Histoire de Paris*, tome I, page 122.

ridionaux du palais, et laissant en dehors l'emplacement actuel du Luxembourg, s'étendre jusqu'auprès de l'église de Saint-Germain-des-Prés. Au levant, ils étaient bornés évidemment par le palais. Au nord, le cours de la Seine les limitait entièrement : cette barrière naturelle, qui contribuait à l'embellissement et à la sûreté des jardins, ne devait pas être négligée ; et, puisque les bâtiments descendaient jusqu'au bord de la rivière, les jardins devaient avoir la même extension. Il est d'ailleurs prouvé qu'aucun intermédiaire, pas même un chemin, ne les séparait de la rive ; car la première route établie sur ce bord, ne fut pratiquée qu'au commencement du XIVe siècle, sous le règne de Philippe IV, dit *le Bel*.

Au couchant, enfin, les jardins étaient bornés par un canal qui communiquait à la Seine et se remplissait de ses eaux. Ce canal traversait l'emplacement de la cour et de l'église des Petits-Augustins[1], et s'étendait parallèlement à la rue de ce nom, jusqu'au quai Malaquais et à la rive gauche de la rivière : Dulaure pense[2] qu'il devait se prolonger au midi jusqu'à la rue du Four [E].

Telle est à peu près la seule description que l'on puisse donner de cet antique palais des Thermes, de ses jardins et de son aqueduc, d'après les documents peu nombreux que l'histoire nous en a conservés.

[1] Aujourd'hui le Palais des Beaux-Arts.
[2] *Histoire de Paris*, tome I, pages 124 et 125.

Ce n'est guère que depuis environ 700 ans que les restes de ce palais portent le nom de *Palais des Thermes*. Ce nom lui vient, à n'en pas douter, de la destination de la salle, qui seule est restée debout; mais il ne saurait convenir, je crois, à l'ensemble de l'édifice, tel qu'il existait sous la domination romaine et du temps des rois Francs; car l'appartement des bains ne devait être qu'une partie accessoire, qu'une dépendance bien restreinte de cet édifice, consacré avant tout à la demeure de ceux qui l'élevèrent. Aussi, jusqu'au xiie siècle[F], il changea de qualification à différentes époques, et fut successivement désigné par les noms de *Palatium, Regia*[1],

[1] Ammien Marcellin.

2.

Arx celsa[1], *Vetus Palatium*[2], etc., etc.[6].

On ne sait pas précisement à qui l'on doit attribuer la construction de ce palais. Saint-Foix[3] se prononce pour Julien-l'Apostat, et Dulaure[4] pour Constance-Chlore[11]. Quoi qu'il en soit, cet édifice remonte au moins au milieu du IVe siècle, car il servait alors de résidence à Julien, qui y fut proclamé empereur en **360**. Voici comment cet événement est rap-

---

[1] C'est le nom que lui donne, au VIIe siècle, le poëte Fortunat, lorsqu'en recommandant aux Parisiens de chérir le roi Childebert, qui y résidait, il dit : « *Dilige regnantem celsa, Parisius, arce.* » (Fortunati Carmina, lib. 6, carmen 4.)

[2] V. la *Chronique de Vézelay*.

[3] *Essais historiques sur Paris*, tome II, page 13.

[4] *Histoire de Paris*, tome I, pag. 119 et suiv.

porté par l'historien Zosime[1]. Des troupes auxiliaires, récemment arrivées au camp de Paris, ayant reçu l'ordre de se rendre immédiatement sur les frontières de la Perse, et mécontentes d'une expédition aussi lointaine, résolurent d'élever le césar Julien à la dignité d'auguste. Ce fut vainement que, pour se dérober à ce dangereux honneur, Julien se cacha dans les souterrains du palais. Ses soldats, irrités de sa disparition, et craignant que les agents de l'empereur Constance II n'eussent attenté à sa vie[2], se portèrent avec fureur au palais, et en

[1] Zosime, *Hist.* lib. 3.

[2] Le *décurion du palais* avait répandu le bruit de sa mort, comme on va le voir par le récit d'Ammien Marcellin, que nous donnons après celui de Zosime.

brisèrent les portes, en appelant leur général à grands cris. Il n'eut d'autre moyen
de les apaiser, que de s'offrir à leurs re-
gards et d'accéder à leurs vœux.

Ammien Marcellin entre dans de plus
grands détails sur cet événement. Il qua-
lifie l'édifice où logeait le césar Julien,
de palais, *palatium*, de maison royale,
regia; et nous apprend que cet édifice
contenait des appartements secrets ou
souterrains, *latebras occultas*, où Julien
alla se renfermer pour se dérober aux
poursuites des troupes auxiliaires; qui,
l'ayant malgré lui proclamé auguste,
craignaient qu'il ne renonçât à cette
dignité, et que quelques hommes dé-
voués à l'empereur Constance n'attentas-
sent à sa vie. Ensuite il nous parle d'une

salle consacrée aux délibérations, qu'il nomme *consistorium*, où Julien, après avoir cédé au vœu des troupes, tenait son conseil, et où ces mêmes troupes soulevées par le bruit de sa mort, se portèrent tumultueusement, et finirent par s'apaiser en voyant (dans cette salle) ce prince vivant et revêtu des insignes de sa nouvelle dignité.

Ammien Marcellin ajoute que le faux bruit de la mort de Julien avait été répandu par le *décurion du palais*, dont la fonction éminente faisait partie des dignités impériales [1].

Julien parle, dans son *Misopogon*, de

[1] *Ammien. Marcell.*, lib. 20, cap. 4.

l'incommodité que le froid lui fit éprouver dans le palais qu'il habita à Lutèce.
Il dit que, pendant un hiver rigoureux,
il se refusa d'abord à ce qu'on allumât des
fourneaux destinés à réchauffer la chambre où il couchait, mais que le froid deve-
nant plus âpre, il consentit, afin de sécher
les parois des murs couvertes d'humi-
dité, à ce qu'on y apportât des charbons
ardents, dont la vapeur faillit l'asphyxier.

Les empereurs Valentinien et Valens
séjournèrent aussi au palais des Thermes : ils y passèrent l'hiver de l'année
565, ainsi que l'attestent trois de leurs
lois, contenues dans le code Théodo-
sien, et datées de Paris [1].

[1] *Codex Theodosianus, de Numerariis.* lex 11,

Ce palais fut également habité par Gratien, ·par Maxime et par plusieurs césars, préfets du prétoire et gouverneurs romains [1].

Après l'invasion des Barbares dans les Gaules, au v⁰ siècle, les rois Francs firent de ce palais leur résidence. Le séjour de *Chlodowig* Ier ou Clovis n'y est pas douteux, non plus que celui de son successeur Childebert. Ce fut là que ce dernier se retira [2] après le massacre de

T. II, page 449 ; *de Metallis*, lex 3, T. III, page 491 ; *de Annonâ et tributis*, lex 13, tome IV, page 22.

[1] Piganiol. *Descript. hist. de Paris*, tome 6, page 311.

[2] *In suburbanâ concessit*, dit Grégoire de Tours, *Histor.* lib. 3, cap. 18. Le meurtre des enfants de Chlodomir paraît devoir être rapporté à l'an 526 :

ses neveux, fils de Chlodomir, roi d'Orléans [1]. Ultrogothe, sa veuve, y logea
aussi avec ses filles, comme nous l'apprend une pièce de vers de Fortunat,
intitulée : *Des jardins de la reine Ultrogothe.*

Depuis cette époque, bien que l'histoire ne nomme aucun des rois qui
ont habité le palais des Thermes, il

bien que Had. de Valois le rapporte à l'an 532 ou à
l'année suivante.

[1] *Fortunati Carmina*, lib. 6, *de Horto Ultrogo-
thonis reginæ.* — Childebert traversait ces jardins
pour se rendre à l'église de Sainte-Croix et de Saint-
Vincent (depuis Saint-Germain-des-Prés), dont il fut
le fondateur :

Hinc iter ejus erat, cùm limina sacra petebat (*Ibid.
carmen 8).*

paraît certain néanmoins que la plupart de ceux de la première et de la seconde race en préférèrent le séjour à celui du palais de la Cité.

Après la mort de Charlemagne [1], les princesses Gisla et Rotrude, ses filles, furent reléguées dans ce palais.

« Ce grand prince avait un peu trop fermé les yeux sur leur conduite, apparemment par cette même tendresse qui l'avait empêché, dit le P. Daniel [1], de les marier, ne pouvant se résoudre à se séparer d'elles. Louis-le-Débonnaire, dès qu'il fut sur le trône, entreprit de réformer leur façon de vivre, et commença

[1] *Histoire de France,* tome I, pag. 558.

par faire tuer deux seigneurs, qui pas-
saient pour être leurs amants ; il croyait
sans doute que l'exemple intimiderait et
qu'elles n'en trouveraient plus, il paraît
qu'il se trompa et qu'elles n'en manquè-
rent jamais.

« Ces princesses joignaient à beaucoup
d'esprit du goût pour les lettres ; elles
étaient d'ailleurs affables, généreuses,
bienfaisantes, bonnes en un mot, comme
le sont ordinairement toutes les femmes
galantes, du fond du cœur, et sans motif
d'intérêt, d'intrigue ou d'ambition. Elles
moururent généralement regrettées, tandis que *le Débonnaire*, qui n'avait aimé
que la compagnie des prêtres, qui avait
banni de sa cour tous les plaisirs, qui
l'avait réglée monacalement, qui n'avait

eu de goût que pour le plain-chant et les cérémonies de l'église, *après s'être rendu méprisable*, dit le même P. Daniel[1], *aux évêques et aux abbés, à force de trop communiquer avec eux, et de leur trop déférer*, mourut avili, dégradé dans l'esprit de ses sujets, avec la réputation d'un très vertueux, mais très médiocre empereur[2]. »

Ainsi Gisla et Rotrude purent mettre à profit cette retraite forcée pour satisfaire leur amour de la science, dans les lieux mêmes habités, queques années auparavant, par le célèbre et savant Alcuin[K].

[1] *Histoire de France*, tome I, pag. 645.
[2] Saint-Foix, *Essais hist. sur Paris*, tome I, pag. 182 et suivantes.

Pendant le ixe siècle, les Normands qui, remontant le cours de la Seine, étaient venus assiéger Paris, ruinèrent en partie le palais des Thermes. Des restes imposants de cet édifice avaient cependant survécu à leurs dévastations, car Jean de Hauteville en fait encore une description pompeuse en 1180 : « Ce palais, dit-il, dont les cimes s'élèvent « jusqu'aux cieux, et dont les fonde- « ments atteignent l'empire des morts. » Toutefois, ses jardins et ses appartements inhabités ne servaient plus que d'asile au brigandage des voleurs, ou au libertinage de quelques femmes perdues, comme l'atteste le même poëte :

Explicat aula sinus, montemque amplectitur alis,
Multiplici latebra scelerum tersura ruborem :

.... pereuntis sæpe pudoris
Celatura nefas, Venerisque accommoda furtis [1].

En 1218, Philippe-Auguste fit don de ce palais à Henry, son chambellan, pour douze deniers parisis de cens, en considération de ses services [2]. « Nous donnons « à perpétuité, porte l'acte de donation, « le palais des Thermes, *Palatium de* « *Terminis*, que possédait *Simon de* « *Poissy*, avec le pressoir situé dans le « même palais [3]. »

Mais il est certain qu'à cette époque le

[1] *Architrenius Joannis Altavillæ*, lib. 4, cap. 8, *de Aulâ in montis vertice constitutâ.*

[2] Piganiol, *Description historique de Paris*, tome 6, page 311.

[3] *Mémoires de l'Académie des Inscriptions*, tome 15, page 681 (note).

palais des Thermes n'avait déjà plus la même importance qu'avant Philippe-Auguste, puisque ce prince fit disparaître plusieurs parties de cet édifice pour construire le mur d'enceinte de Paris, ainsi que nous l'avons dit plus haut.

Depuis lors, les bâtiments, morcelés par ce chambellan ou ses successeurs, passèrent en diverses mains, et furent en partie abattus pour faire place à de nouvelles constructions.

HOTEL DE CLUNY.

HOTEL DE CLUNY.

Vers le milieu du XIVe siècle [L], Pierre de Chaslus , abbé de l'ordre célèbre de Cluny [M], acheta une partie du Palais des Thermes, à laquelle il donna le nom de *Maison* ou *Hôtel de Cluny* ;

*Item acquisivit domum quæ dicitur Pala-
tium de Terminis, seu de Thermis Parisius*[1].

Cet hôtel devint la résidence des abbés
de Cluny, lorsque leurs affaires les appe-
laient à Paris.

Plus tard, Jean de Bourbon, abbé du
même ordre, évêque du Puy, et fils na-
turel de Jean Ier, duc de Bourbon, entreprit de faire rebâtir cet édifice ; mais il
mourut avant d'avoir accompli son des-
sein. Ce ne fut qu'en 1490, ou, selon
quelques historiens, en 1505, que Jacques d'Amboise mit à exécution le projet
de son prédécesseur[2].

[1] V. la *Chronique de Cluny.*
[2] Piganiol, *Description historique de Paris,*
T. 6, page 306.

On lit dans les Mélanges historiques de Pierre de Saint-Julien : « J'ai appris « de bonne part que frère Jacques, ou « dom Jacques d'Amboise , évêque de « Clermont et abbé de Cluny, par un « compte de trois années, reçut de son « receveur cinquante mille angelots, des « dépouilles d'Angleterre, lesquels il em- « ploya à la réparation du collége de « Cluny, situé entre les Jacobins et la « place Saint-Michel à Paris, à l'édifica- « tion et bâtiment de fond en cime de « la superbe et magnifique *Maison de* « *Cluny*, audit lieu jadis appelé le *Palais* « *des Thermes*, assise entre la rue de la « Harpe et la rue Saint-Jacques, près les « Mathurins [1]. »

[1] *Mélanges historiques et Recueil de diverses*

Les nouveaux bâtiments s'élevèrent sur l'emplacement et avec une partie des matériaux des anciennes constructions; aussi trouve-t-on, en plusieurs endroits de l'hôtel de Cluny, la gracieuse architecture du moyen âge, implantée sur des murs de maçonnerie romaine. Cette singularité n'est pas la seule digne de fixer l'attention de l'artiste et de l'antiquaire. Ce bel édifice, bâti à une époque de révolution architecturale, est, en quelque sorte, un résumé des inspirations du style vulgairement appelé gothique, et des prémices de la renaissance.

La plupart des ornements extérieurs de

matières pour la plupart paradoxales, néanmoins vraies, etc., page 98.

cet hôtel se font remarquer par la légè-
reté et la coquetterie des sculptures si en
vogue à l'époque de sa construction. Les
fenêtres des mansardes, décorées chacune
d'après des dessins différents, sont surtout d'un travail précieux. La tourelle,
qui se détache en avant du principal
corps de logis, est d'un aspect élégant et
pittoresque. On regrette que des dégrada-
tions nombreuses aient forcé les anciens
propriétaires (dans un temps, sans doute,
où l'on respectait moins qu'aujourd'hui
les monuments des arts), à boucher les
gracieux évidements de la galerie, autrefois sculptée à jour, qui orne la façade
du bâtiment au-dessus du premier étage :
quelques parties de moulures, échappées
à cette *restauration*, témoignent encore de
l'élégance et de la richesse de cette galerie.

Mais rien n'égale la beauté de la chapelle [x] située sur le jardin : c'est un chef-
d'œuvre du genre gothique, pour la dé-
licatesse du travail et la perfection des
sculptures ; quoique dépouillée de ses
beaux vitraux de couleurs, et des statues
de saints qui décoraient les douze niches
dentelées de son pourtour, elle n'en est pas
moins un des monuments les plus com-
plets et les plus précieux de son époque.

Si l'on veut avoir une idée de ce
qu'elle était au moyen âge, en voici la
description par Piganiol : de son temps,
elle était encore dans un parfait état de
conservation [1].

---

[1] Cette description est bien froide, bien peu *artis-
tique :* je la transcris seulement à cause de l'exacti-
tude des détails.

« Tout ce qui reste entier de *remarquable* dans cet hôtel, c'est la chapelle,
qui est au premier étage sur le jardin.
Le gothique de l'architecture et de la
sculpture en est très bien travaillé, *quoique sans aucun goût pour le dessin* [1].
Un pilier rond, élevé dans le milieu, en
soutient toute la voûte, très chargée de
sculpture, et c'est de ce pilier que nais-
sent toutes ses arêtes. Contre les murs
sont placées par groupes, en forme de
mausolées, les figures de toute la famille
de Jacques d'Amboise, entre autres du
cardinal. La plupart sont à genoux, avec
les habillements de leur siècle, très sin-

[1] Comme le fait fort bien observer M. Dusommerard dans sa Notice, cette remarque de Piganiol porte
avec elle sa date (1765).

guliers et bien sculptés. L'autel est placé contre le mur sur le jardin, qui est ouvert dans le milieu par une demi-tourelle en saillie, fermée par de grands vitraux, *dont les vitres, assez bien peintes, répandent beaucoup d'obscurité.* Au dedans de cette tourelle, devant l'autel, on voit un groupe de quatre figures de grandeur naturelle, où la Sainte Vierge est représentée tenant le corps de Jésus-Christ détaché de la croix et couché sur ses genoux [1]. Ces figures sont d'une bonne main et très bien dessinées *pour le temps* [2]. »

Les armes de Jacques d'Amboise, ainsi

[1] Les deux autres figures représentaient saint Jean et Joseph d'Arimathie.

[2] Piganiol, *Description de Paris*, T. VI, pag. 306 et suivantes.

que les attributs de son patron, repré-
sentés par des coquilles et des bourdons
de pèlerin, se remarquent en plusieurs
endroits de l'hôtel de Cluny, et notam-
ment sur l'extérieur de la tourelle située
dans la cour d'entrée.

Il y avait peu d'années que cet hôtel
était bâti, lorsqu'il devint pendant quelque temps la demeure de la veuve de
Louis XII [1]. Le séjour qu'y fit cette reine
fut signalé par des circonstances trop cu-
rieuses pour ne pas être rappelées avec
quelque détail [2].

Louis XII mourut le 1er janvier 1515,
trois mois environ après s'être marié en

[1] Sœur de Henri VIII.

3.

troisièmes noces avec Marie d'Angleterre. La couronne revenait, à défaut d'héritier direct, au duc de Valois (François Ier) [1]. Mais la jeune Marie, *à qui*, selon Brantôme, *il ne tint pas d'avoir des enfants*, simula une grossesse, dans l'espoir d'être nommée régente de France. *Elle voulait* sans doute *pratiquer et esprouver le proverbe et refrain espagnol, qui dit :* Nunca muger aguda murio sin herederos (jamais femme habile ne mourut sans héritiers) [2]. En effet, le duc de Valois luimême, qui lui faisait une cour assidue, jouait auprès d'elle à se donner un maître, de sorte que le mensonge de Marie serait

[1] Brantôme et Varillas le nomment *comte d'Angoulême.*

[2] *Dames galantes* de Brantôme, T. II, pag. 117.

peut-être devenu une réalité, sans les re-
montrances et les conseils qui vinrent
éclairer ce prince. On lui fit observer
« qu'il avait le plus grand de tous les in-
« térêts humains à prendre garde que la
« reine vécût chastement, bien loin de
« la solliciter d'incontinence; puisque si
« elle avait un fils, quand même ce se-
« rait de lui, ce fils l'empêcherait de par-
« venir à la couronne, et le réduirait à
« se contenter de la Bretagne, que sa
« femme [1] lui avait apportée; encore
« faudrait-il, contre l'ordre de la nature,
« qu'il en fît hommage à son bâtard [2]. »
Cet avis parut ralentir les poursuites du

[1] Il avait épousé la princesse Claude, fille de
Louis XII.

[2] Varillas, *Histoire de François* Ier, liv. 1.
page 17.

duc de Valois; mais ce qui dut éteindre à jamais sa passion, ce fut la découverte de l'intrigue amoureuse que Charles Brandon, duc de Suffolck, entretenait avec la reine. Ce seigneur, qui l'avait aimée avant qu'elle devînt l'épouse de Louis, et qui l'avait suivie en France en qualité d'ambassadeur d'Angleterre, sentit, à la mort du roi, se rallumer sa première flamme; et il allait souvent porter ses consolations à la jeune veuve, retirée à l'hôtel de Cluny. Mais ses visites ne purent demeurer longtemps assez secrètes pour échapper à la vigilance de son rival, qui finit par surprendre les amants en tête-à-tête. Il fallut capituler, et le couple anglais fut contraint d'accepter les conditions que lui imposa le duc de Valois. Marie et Suffolck furent mariés à l'instant dans la chapelle de l'hôtel, et reprirent ensuite le chemin de l'Angleterre [1].

Tel fut le dénoûment de cette curieuse aventure, qui fit perdre à François Ier une maîtresse, en lui faisant gagner un trône.

Vingt-un ans plus tard, l'hôtel de Cluny, que possédait déjà depuis plusieurs années la maison de Lorraine [2], vit célébrer une autre union non moins illustre, celle de Madeleine, fille de François Ier, avec Jacques V, roi d'Écosse.

[1] Voyez, sur cette anecdote, le *Dictionnaire historique* de Bayle, art. *François Ier*, remarque B, où se trouvent les récits de Brantôme, de Mézerai et de Varillas.

[2] Il lui appartint de 1528 à 1621, c'est-à-dire pendant à peu près un siècle.

Voici dans quelles circonstances eut lieu ce mariage.

Charles-Quint avait franchi la frontière de France, sous prétexte de défendre les droits de la maison de Savoie. Marseille était assiégée par un des lieutenants de l'empereur, tandis qu'un autre de ses généraux menaçait la Picardie. Paris était dans l'effroi.

C'est alors que Jacques V (ainsi que le rapporte Moréri), « se souvenant des an-
« ciennes alliances de sa nation et de ses
« prédécesseurs, s'embarqua avec 16,000
« hommes pour venir secourir Fran-
« çois Ier, *sans en être prié.* »

Ce dévoûment chevaleresque devait

toucher le roi de France, qui, pour ac-
quitter sa dette de reconnaissance, accorda
la main de sa fille au roi d'Écosse. Le
contrat fut signé à Blois, le 26 novem-
bre 1536.

« Le dimanche dernier de décembre
« 1536 (dit Pierre Bonfons), Jacques, roi
« d'Écosse, fit son entrée à Paris et vint
« loger en l'*hostel de Cluny*, près les
« Mathurins, où le roi l'attendoit; et le
« lendemain, premier de janvier, il es-
« pousa Madeleine.... Le cardinal de
« Bourbon les espousa et célébra la
« messe, après laquelle le disner fut
« fait en la grande salle de l'Évesché, et
« au soir le souper en la grande salle du
« Palais. Puis le lendemain, les joustes
« furent faites devant le château du Lou-

« vre , èsquelles le roi s'exerça lui-
« même [1]. »

Environ trente ans après, l'hôtel de
Cluny servit de refuge au célèbre cardinal Charles de Lorraine, à la suite de
sa ridicule échauffourée de la rue Saint-
Denis. Le 8 janvier 1565, ce prélat, re-
venant du concile de Trente, voulut faire
son entrée triomphale à Paris, entouré
de ses abbés, de ses gentilshommes et de
ses hommes d'armes. Le maréchal de
Montmorency, gouverneur de Paris, résolut de profiter de cette occasion pour
satisfaire son inimitié contre le cardinal
en humiliant son orgueil. Sous le prétexte

[1] Voyez *les Arts au moyen âge*, par M. Dusommerard, tome Ier, pages 183-196.

que le roi Charles IX avait défendu tout
port d'armes dans la capitale, et quoique
Charles de Lorraine fût affranchi de cette
prohibition, le maréchal alla à sa ren-
contre, suivi d'une troupe nombreuse,
pour disperser le cortége de son ennemi.
Lorsque les deux partis furent en pré-
sence, le cardinal voulut passer outre, et
l'on en vint aux mains : après quelques
minutes de combat, l'escorte du prélat se
débanda, et Charles lui-même fut obligé
de prendre la fuite, et de se cacher sous
le lit d'une servante dans l'arrière-bou-
tique d'un marchand de la rue Trousse-
Vache. Le soir, à la faveur des ténèbres,
il put gagner l'hôtel de Cluny, où il demeurait. Durant quelques jours, les soldats du maréchal passèrent devant sa porte
en proférant des injures et des menaces,

de sorte que, ne se croyant pas encore en
sûreté, le cardinal se retira à Meudon [1].
Les huguenots firent longtemps de cette
anecdote un sujet de raillerie contre
Charles de Lorraine [R].

Sous le règne de Henri III, des comédiens s'établirent à l'hôtel de Cluny.
C'était sans doute une de ces troupes récemment arrivées d'Italie, et dont les représentations attiraient une telle affluence.
que, s'il faut en croire l'Étoile, *les quatre
meilleurs prédicateurs de Paris n'en avoient
tous ensemble autant quand ils préchoient* [2].

[1] Voyez Mézerai, *Abrégé chronologique*, T. V,
p. 86. — De Thou, liv. 36, p. 743. — Lelaboureur,
Additions aux Mémoires de Castelnau, T. II, p.
377. — Saint-Foix, *Essais sur Paris*, T. Ier, page
325.

[2] *Journal de Henri III* (1577).

On est réduit à des conjectures pour expliquer comment il put se faire que le séjour des abbés de Cluny servît de théâtre à des comédiens. Il faut croire qu'à cette époque l'abbé de l'ordre n'y résidait pas, et que le gardien de l'hôtel, en son absence, laissa ces comédiens s'y établir, en se faisant payer sans doute sa complaisance. Cette supposition n'est pas si invraisemblable, « la corruption « de ce temps estant telle que les far- « ceurs, bouffons…, etc…, avoient tous « crédit auprès du roi[1], » On sait, en effet, qu'Henri III avait fait venir des histrions de Venise ; qu'il avait laissé jouer leurs farces dans la salle même des États de Blois, et qu'il leur permit ensuite de se

---

[1] L'Étoile, *Journal de Henri III*, 27 juillet 1577.

fixer à l'hôtel de Bourbon, près le Louvre. L'exemple donné par ce monarque a donc pu faire tolérer temporairement l'érection d'un théâtre à l'hôtel de Cluny.

Quoi qu'il en soit, cette troupe fut bientôt contrainte de suspendre le cours de ses représentations, en vertu d'un arrêt du parlement du 6 octobre 1584[1] ; et il est permis de penser que l'inconvenance d'un pareil établissement dans une demeure ecclésiastique fut *un des motifs* qui provoquèrent cet arrêt.

Piganiol[2] nous assure que les nonces

[1] Dulaure, *Histoire de Paris*, T. IV, page 349.
[2] *Description de Paris*, T. VI, page 311.

du pape ont souvent habité l'hôtel de Cluny, surtout depuis l'an 1604. Cette demeure devait, en effet, leur convenir, à cause du voisinage de la Sorbonne, où se tenaient les assemblées de la Faculté de Théologie.

Enfin, le 28 mai 1625, l'abbesse de Port-Royal, Marie-Angélique Arnaud, vint s'établir dans cet hôtel avec ses religieuses [1] : elles y restèrent jusqu'à ce qu'on leur eût construit un monastère, rue de la Bourbe. Dans la suite, une partie des religieuses retournèrent à l'ancien

[1] Dulaure, *Histoire de Paris*, T.V, pag. 396. Dulaure dit que cette abbesse acheta l'hôtel; c'est une erreur : elle ne fit sans doute que le louer, car il demeura la propriété des abbés de Cluny jusqu'à la Révolution, comme on va le voir par ce qui suit.

couvent, situé près de Chevreuse, qui prit alors le nom de Port-Royal-des-Champs, pour le distinguer de la maison de Paris.

Tels sont les événements les plus importants dont l'histoire se rattache à celle de l'hôtel de Cluny. Leur diversité avait fait croire à plusieurs historiens que cette maison n'avait pas toujours appartenu à l'abbaye de Cluny; la preuve du contraire est aujourd'hui incontestable. Jusqu'à la Révolution, les abbés de cet ordre n'ont pas cessé d'en être propriétaires. Voici à cet égard un document positif : ce sont des lettres-patentes signées de Louis XVI, et datées du 25 juillet 1789 :

« Louis, par la grâce de Dieu, roi de

« France et de Navarre, à nos amés et
« féaux Conseillers, les gens tenant
« notre Cour de Parlement à Paris, sa-
« lut. Notre très cher et bien-aimé cou-
« sin, le cardinal de la Rochefoucault,
« archevêque de Rouen, *abbé de Cluny,*
« nous a fait exposer qu'*en cette dernière*
« *qualité, il possède à Paris une maison*
« *appelée l'hôtel de Cluny, située rue*
« *des Mathurins Saint - Jacques ;* que
« les abbés de Cluny ne font pas
« dans ladite ville un séjour assez long
« pour veiller par eux-mêmes aux répa-
« rations de cette maison ; qu'en consé-
« quence il s'est déterminé à céder ledit
« hôtel, à titre de bail emphytéotique,
« pour quatre-vingt-dix-neuf années,
« aux sieur et dame Moutard, par acte
« du sept mars dernier, moyennant une

« redevance annuelle de quatre mille
« cinq cents livres, et en outre aux au-
« tres conditions portées audit acte; mais
« comme il ne peut avoir d'exécution
« sans notre autorisation ,   notre dit
« cousin nous a supplié de lui accorder
« nos lettres de patente sur ce néces-
« saires. A ces causes, de l'avis de notre
« conseil, qui a vu ledit acte de bail
« emphytéotique, lequel est cy-attaché,
« sous le contre-scel de notre chancel-
« lerie, nous avons confirmé, et par ces
« présentes, signées de notre main, con-
« firmons ledit acte, voulons qu'il soit
« exécuté suivant sa forme et teneur,
« aux charges, clauses et conditions y
« contenues; si vous mandons que ces
« présentes vous ayez à enregistrer, et
« du contenu en icelles faire jouir et

« user notre dit cousin et ses successeurs
« en ladite abbaye, car tel est notre plai-
« sir. *Donné à Versailles*, etc. [1]. »

Lors de la confiscation des biens du
clergé, le cardinal de la Rochefoucault
fut exproprié de l'hôtel de Cluny, qui
devint *propriété nationale*. Plus tard,
les membres composant l'administration
du département de la Seine aliénèrent
cette maison, qui passa successivement
en la possession de M. Baudot, médecin,
ex-législateur ; et enfin de M. Leprieur,
l'un des patriarches de la librairie moderne.

Je ne puis terminer cette courte No-

[1] Ces lettres-patentes font partie des titres de propriété de l'hôtel de Cluny.

tice sans rappeler que les trois astronomes Delisle [T], Lalande [U] et Messier [V] ont
longtemps habité l'hôtel de Cluny. Le
premier de ces savants avait fait construire, en 1747, sur la tour, située au
milieu de la première cour, un observatoire qui subsista jusqu'à la mort de
Messier, en 1817.

FIN.

NOTES

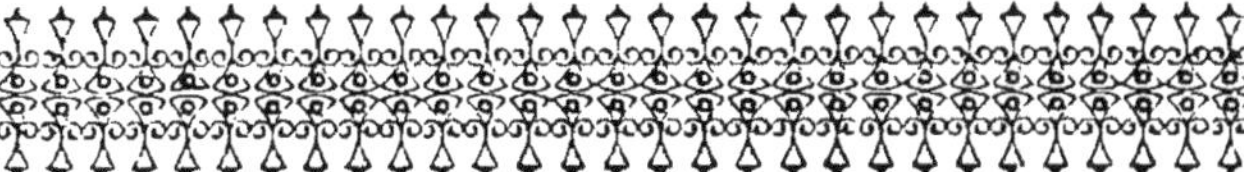

NOTES.

Note A (page 13).

L'usage des bains était pour les Romains une des premières nécessités de la vie. Indépendamment des édifices publics où le peuple prenait le bain en commun, presque tous les citoyens riches avaient leurs *Thermes* particuliers : c'étaient, dans les premiers temps de la république, des bâtiments d'une construction simple, où l'on ne recherchait que la commodité; mais, plus tard, lorsque les conquêtes eurent enrichi les Romains, ils se transformèrent en véritables palais, où brillait tout le luxe de l'architecture et des arts. Les Thermes d'Agrippa, de Néron, de Caracalla et de Dioclétien surpassaient tous ceux de Rome par leur étendue et leur magnificence. Ils contenaient plusieurs salles de bains, d'exercices et de jeux, des galeries, des portiques, des théâtres et d'immenses jardins.

NOTE B (page 13).

Les restes de ce palais sont situés dans la rue de La Harpe. Avant 1819, on y entrait par la porte cochère d'une maison de cette rue, portant le n° 53, et connue sous le nom de la *maison de la Croix-de-Fer*. La salle des Thermes était alors une dépendance de cette maison, qui avait été affectée à la dotation de l'hospice de Charenton, par un décret de 1807, et que l'administration de cet hospice avait louée à un tonnelier : ainsi, l'antique palais des empereurs romains était métamorphosé en magasin de futailles.

M. Quatremère de Quincy, instruit de cet état de choses, en rendit compte à M. Decazes, ministre de l'intérieur, et demanda que des mesures fussent prises pour conserver aux arts ce précieux monument. Le ministre fit, à ce sujet, un rapport au roi, et obtint l'autorisation de consacrer une somme de trente mille francs par an, pendant cinq années, à l'acquisition et à la restauration de ce palais.

Une commission fut nommée pour surveiller les travaux. Elle fut composée de MM. Quatremère, secrétaire perpétuel de l'Académie des Beaux-Arts; Gérard, premier peintre du roi ; de Forbin, directeur des Musées royaux; Fontaine, architecte; Alexandre Lenoir, conservateur des Monuments de Saint-Denis, et ancien administrateur du Musée des Monuments français.

MM. Godde et Rohault, architectes, dressèrent les plans, et M. le comte de Chabrol, préfet de la Seine, fut chargé de diriger et de conduire toute l'opération.

M. Decazes, sur le rapport de la commission, décida, le 5 juin 1819 : 1° que la salle dite le *Palais des Thermes* serait débarrassée des maisons qui en obstruaient les abords; 2° que le terrain devenu libre serait clos de murs, élevés et décorés dans le style du monument même; 3° que la salle resterait dans son état actuel, et qu'on y formerait un musée au milieu duquel serait placée la statue de Julien; 4° que ce musée ne serait formé que d'antiquités gauloises et d'antiquités romaines trouvées en France. Le conservateur de ce musée fut même nommé : c'était M. Auguis, aujourd'hui député.

On se mit à l'œuvre pour réaliser ces projets. On acheta et on démolit la maison de la Croix-de-Fer; on déblaya, on *restaura*, on ouvrit une entrée sur la rue de La Harpe; on dépensa soixante mille francs. Mais, quand on en fut là, M. Decazes ayant quitté le portefeuille de l'intérieur (en 1820), on s'arrêta tout court, et toute l'affaire fut remise en question.

M. le baron Capelle, secrétaire-général du

ministère, fit une visite au monument; il trouva, lui, que ces vieux restes avaient assez peu d'importance, et, d'après son avis, que partageait M. Hély-d'Oisel, alors directeur des travaux publics, M. le comte Siméon, devenu ministre, suspendit l'exécution du plan de son prédécesseur.

NOTE C (page 17).

Le jardin que supportait la voûte de la salle des Thermes a été détruit lorsqu'en 1820 on éleva au-dessus de ces belles ruines une vaste toiture destinée à les protéger à l'avenir contre les ravages du temps (*Voyez la note* B). Bien qu'on ne puisse qu'applaudir à cette mesure, qui assure la conservation d'un des plus curieux monuments de notre capitale, il faut avouer que cet édifice a perdu, en partie, son aspect pittoresque, depuis qu'il n'est plus couronné, comme autrefois, de fleurs et de verdure. Ajoutez à cela que les prétendues restaurations de la salle des Thermes ont été exécutées avec fort peu de goût.

NOTE D (page 20).

Ces souterrains qui, ainsi que l'a reconnu M. de Caylus, descendaient jusque sur les bords de la Seine, s'étendaient sous l'hôtel de Cluny ; ils se prolongeaient même sous l'ancien couvent des Mathurins, comme on en a acquis la preuve en 1676 : « Au mois
« d'août de cette année (porte une ancienne
« inscription), une ouverture s'étant faite
« au milieu de la cour des Mathurins, envi-
« ron le milieu du ruisseau, plus près néan-
« moins de la cuisine que de la salle du
« jardin, l'on creusa et l'on aperçut une
« grande ouverture à peu près semblable
« aux trois arcades qui forment le présent

« escalier, dans laquelle un domestique de
« céans étant descendu par une entrée qui
« commençait du côté de la salle, observa
« que c'était *un grand trou qui prenait son*
« *origine sous le palais des Thermes,* rue des
« Mathurins, laquelle ouverture fut bou-
« chée, etc. »

L'obscurité de cette rédaction n'empêche
pas de reconnaître le fait principal. Il existait donc sous le monastère des Mathurins
des constructions souterraines qui communi-
quaient à celles du palais des Thermes[1].

NOTE E (page 26).

Ce canal avait 14 toises de largeur, et séparait les deux prairies qu'on nomma dans
la suite le Petit et le Grand *Pré-aux-Clercs.*

[1] Dulaure, *Histoire de Paris,* T. 1er, pag. 118.

Dans les titres des XII et XIIIe siècles, il est mentionné sous le nom de *Fossé*, et plus généralement sous celui de *Petite-Seine*.

L'enclos du jardin des Thermes, soit qu'il ait changé de nom ou de maître, soit qu'il ait cessé d'être jardin, pour recevoir une autre destination, a longtemps conservé son intégrité primitive. Sous la première race de nos rois, Fortunat le désigne par ces mots : *les Jardins de la reine Ultrogothe*. Sous la troisième race, on le nomme *clos de Lias* ou *de Laas*. Ce mot *Lias* ou *Laas* paraît dériver de notre article *le*, rendu par l'équivalent *li* ou *la*, et du mot *as*, par altération de l'expression latine *arx, palais, citadelle*[1] ; ainsi *clos de Lias* signifierait le clos ou le

---

[1] Ducange offre des exemples de cette altération en France. Voyez son *Glossaire*, au mot *As*.

jardin du palais, ou de la citadelle. C'est, en effet, sous cette dénomination d'*arx*, que le même poëte Fortunat parle du palais des Thermes, dans ce vers (déjà cité).

Dilige regnantem celsa, Parisius, arce [1]

Ce qui prouve encore l'identité du jardin des Thermes et du clos de Lias, c'est que l'un et l'autre occupaient le même espace, et étaient compris dans les mêmes limites. Ce jardin, détérioré au XIIe siècle, appartenait aux abbés de Saint-Germain-des-Prés. L'abbé Hugues V, en 1179, en aliéna plusieurs parties, à condition que des maisons y seraient construites. C'est ainsi, par exemple, que la rue Saint-André-des-Arcs, où se trouvait l'église du même nom, a été ouverte sur le

[1] *Fortunati carmina,* lib. 6, carmen 4.

clos de Lias. Ce surnom *des Arcs*, donné à cette rue, vient évidemment encore du mot *arx* [1].

Note F (page 27).

Un titre de l'an 1138, relatif à l'aumônerie de Saint-Benoît, porte qu'elle était contiguë au palais des Thermes : *Juxta locum qui dicitur Thermæ* [2].

Un grand nombre de chartes du xiiie siècle parlent aussi de cet édifice, qu'elles nomment tantôt *Palatium Thermarum*, tantôt

[1] Dulaure, *Histoire de Paris*, T. Ier, page 127.— *Recherches critiques sur Paris*, par Jaillot, T. V; Saint-André, pages 4, 7, 10, 93, 120. — *Histoire de Paris*, par Félibien, T. III, page 207.

[2] *Histoire de Paris*, par Félibien, Preuves, T. III, page 91.

Palatium de Thermis, et même *Palatium de Terminis*. Mais, dit Piganiol de la Force, il « n'y a eu, que je sache, que Raoul de Presles, « écrivain du XIVe siècle, qui ait suivi l'éty- « mologie *de Terminis*, et qui ait cru que le « nom de *Termes* fut donné à ce palais « parce que les Romains, tous les ans, à « chaque *terme*, y recevoient les tributs « qu'ils levoient sur les Parisiens. Ce senti- « ment n'a pas fait fortune et ne mérite pas « d'en faire[1]. »

Note G (page 28).

Piganiol dit que le palais des Thermes était quelquefois nommé le *Vieux Palais*, pour le distinguer du palais des comtes de Paris (aujourd'hui le Palais de Justice, dans la

---

[1] Piganiol, *Description historique de la ville de Paris*, T. VI, page 310.

Cité), qui était devenu le séjour des rois depuis que Hugues-Capet était monté sur le trône [1].

Note H (page 28).

On lit dans les *Essais historiques sur Paris*, par Saint-Foix :

« Les bains de Dioclétien, à Rome, ne furent achevés qu'en 306. Ce palais (des Thermes) fut bâti sur le modèle de ces bains ; il est donc étonnant qu'on soutienne qu'il étoit bien plus ancien que l'empereur Julien, qui commandoit dans les Gaules en 357. D'ailleurs, en le bâtissant, il fallut en même temps penser à y faire venir des eaux, et l'on trouva en 1543 les restes d'un aqueduc qui avoit servi à y conduire celles d'Arcueil :

[1] Piganiol. *Ibidem*.

or, l'on doit présumer que cet aqueduc, et par conséquent ce palais, n'étoient pas encore achevés du temps de Julien, puisqu'il dit, dans son *Misopogon* : « Les Parisiens « n'ont point d'autre eau que celle de la « Seine. » Mon opinion est que ce prince, en partant de Paris, donna ses ordres pour bâtir ce palais, afin de laisser un monument de sa magnificence proche d'une ville qu'il chérissoit et où il avoit été proclamé empepereur. »

Il est difficile de se ranger à l'opinion de Saint-Foix, car tous les documents que l'histoire nous a transmis sur le séjour de Julien à Lutèce, semblent prouver que ce césar fut proclamé auguste au palais même des Thermes. L'opinion de Dulaure serait donc plus probable. Voici comment il s'exprime :

« Suivant la commune opinion, le césar Julien le fit construire pendant son séjour dans les Gaules, c'est-à-dire depuis les derniers mois de l'an 355 jusqu'au printemps de 361. En conséquence, on le nomme vulgairement le *Palais de Julien*, ou les *Thermes de Julien*. Il est certain que ce césar a passé quatre ou cinq quartiers d'hiver à Paris, qu'il y habitait un palais considérable, et qui ne peut être différent de celui qu'on vient de décrire ; mais il ne s'ensuit pas qu'il l'eût fait construire. Julien, envoyé dans la Gaule pour en chasser des barbares qui la dévastaient depuis longtemps, employa les deux premières années de son séjour à composer des armées, à créer des finances, à faire une guerre continuelle, et les années suivantes à réparer les maux innombrables que ces brigands y avaient causés. Ce n'est pas dans des temps de crise et de pénurie que l'on pense à élever des palais. D'ailleurs les goûts simples de ce prince, ses mœurs austères, son économie sévère, son éloignement pour le luxe et la magnificence, ne permettent pas de lui attribuer cette construction. Le palais des Thermes était construit avant l'arrivée de Julien dans les Gaules...

« La construction de cet édifice doit être attribuée à un souverain qui, pendant un long séjour dans ce pays, y aura joui du calme propre à cette entreprise. Constance-Chlore réunit ces convenances : durant quatorze ans consécutifs, depuis l'an 292 jusqu'en 306, il séjourna dans ces contrées. Collègue de Dioclétien, il y régna en souverain, d'abord en qualité de césar, ensuite en celle d'auguste. Aucun empereur, avant ou après celui-ci, n'a resté aussi longtemps dans les Gaules. Son règne fut paisible, et l'his-

toire, pendant sa durée, n'offre aucun événement capable de contrarier une telle construction...

« Ainsi ce ne peut être Julien, mais bien
plutôt son grand-père, Constance-Chlore,
qui, vers la fin du IIIe siècle, ou, plus
tard, dans les premières années du IVe,
fit construire le palais des Thermes de
Paris. »

NOTE I (page 34).

Voici le passage où Grégoire de Tours rapporte cet horrible massacre : « Childebert
« envoya une personne de confiance à Chlo-
« taire (son frère), roi de Soissons, pour l'en-
« gager à venir le trouver, afin de résoudre
« ensemble s'ils feraient mourir leurs ne-
« veux, ou s'ils se contenteraient de *les*
« *dégrader en leur coupant les cheveux*...

« Chlotaire ne tarda pas à se rendre à Pa-
« ris.... Ils firent courir le bruit que le ré-
« sultat de leur entrevue avait été de faire
« proclamer rois les fils de Chlodomir, et
« envoyèrent les demander à Chlotilde (leur
« aïeule), qui demeurait dans la ville (dans
« la Cité), pour les élever sur le pavois.
« Cette bonne reine, transportée de joie, fit
« venir les petits princes, dont le plus âgé
« n'avait que dix ans, dans son apparte-
« ment, et, après avoir eu attention de les
« faire manger : « Allez, mes enfants, leur
« dit-elle en les embrassant, allez trouver vos
« oncles ; si je puis vous voir sur le trône de
« votre père, j'oublierai que j'ai perdu ce
« cher fils... » Chlotaire, après les avoir poi-
« gnardés de sa propre main, monta tran-
« quillement à cheval pour retourner à
« Soissons. Childebert se retira dans le fau-
« bourg : *In suburbana concessit.* »

Néanmoins l'un des trois fils de Chlodomir échappa à la mort : cet enfant, nommé Chlodoalde, vécut dans un cloître, et fut canonisé sous le nom de saint Cloud.

On vient de voir dans le récit de Grégoire de Tours que Childebert et Clotaire hésitaient entre la mort et la dégradation de leurs neveux. Ceci tient à un usage de ce temps. « Les Francs, dit Saint-Foix [1], se coupoient les cheveux tout autour de la tête, ne les conservant dans toute leur longueur que sur le sommet, où ils les renouoient et les rattachoient : il n'étoit permis qu'aux princes de la famille royale de porter leurs cheveux flottants sur leurs épaules, et sans être raccourcis autour de la tête ; les cheveux du

[1] *Essais historiques sur Paris*, T. Ier, page 10, note. — *Ibid.*, T. II, page 70 et suivantes.

peuple subjugué, des Gaulois, ne devoient pas passer le cou ; ainsi, la chevelure étant une marque distinctive entre les Francs et le peuple vaincu, couper les cheveux à un prince ou à un Franc, c'étoit non seulement le dégrader, le retrancher de sa famille, mais encore de la nation. »

Note J (page 35).

Charlemagne demeura, sans aucun doute, au palais des Thermes ; mais il ne dut y faire que de courts séjours ; car on sait que dans l'intervalle de ses expéditions militaires, il habitait ordinairement Aix-la-Chapelle. C'est peut-être pendant sa résidence temporaire dans l'antique demeure des empereurs romains, qu'il surprit les amours de sa fille et d'Éginhard, son secrétaire et son ministre. « Ce fut pour ce prince un étrange spectacle, dit Mercier[1], lorsque, levé de trop grand matin, se promenant dans sa chambre, et jetant les yeux sur une petite cour de son palais, il aperçut à travers les fenêtres, à la lueur du crépuscule, la princesse, sa seconde fille, les pieds dans la neige, et portant sur son dos le premier ministre. Près dé succomber sous ce fardeau, elle le transportait courageusement à l'autre bout de la cour : ainsi on n'aurait pu découvrir sur la neige des pas d'homme, et le secret de leurs amours était gardé. Le sage empereur jugea que la sévérité ferait éclater la honte de sa fille, et, content des longs services d'Éginhard, il ordonna le mariage des deux amants. Il sut, depuis, que c'était la princesse elle-même qui avait imaginé cet expédient,

[1] Voyez le *Tableau de Paris.*

et qui avait forcé Éginhard d'y consentir [1]. »

NOTE K (page 37).

Alcuin (Flaccus-Albinus) était diacre de l'église d'York. Appelé en France par Charlemagne, il fonda sous les auspices de ce monarque plusieurs écoles, à Paris, Tours, Aix-la-Chapelle, et fit renaître les arts dans son empire. Charlemagne l'employa dans plusieurs négociations, le combla de richesses, et lui donna plusieurs abbayes qui le rendaient maître de vingt mille esclaves. Alcuin mourut en 804, âgé de 70 ans. Il était le résumé vivant de toutes les connaissances de

[1] Voyez ce récit dans la *Chronique du monastère de Laureisheim.*

M. Guizot, dans son *Histoire de la Civilisation en France* (T. 6, pag. 408 et suiv.), révoque en doute le mariage d'Éginhard avec une des filles de Charlemagne.

son siècle : il excellait surtout dans la calligraphie. On pense qu'il avait au palais des Thermes un atelier, où il faisait copier des manuscrits[1].

Il existe encore aujourd'hui une Histoire de l'ancien et du nouveau Testament copiée entièrement de sa main. C'est vers l'an 778 qu'Alcuin, entreprenant une révision de la version latine des saintes Écritures par saint Jérôme, commença ce manuscrit, qui fut terminé par lui en 800. Ce livre précieux a appartenu à Charlemagne, puis à Lothaire Ier, petit-fils de ce prince, qui le déposa dans le monastère de Prun, en Lorraine, lorsqu'ayant perdu sa couronne, il s'y fit moine. En 1576, le couvent fut dis-

[1] Voir *Histoire de la Civilisation en France*, par M. Guizot, T. 2, pag. 348 et suiv.

sous, et les moines Bénédictins conservèrent cette Bible avec une religieuse vénération, l'emportant avec eux à Grand-Vat, près de Bâle. Elle y resta jusqu'à l'occupation du territoire épiscopal de Bâle par les troupes françaises, en 1793, époque où toutes les propriétés de l'abbaye furent séquestrées. Depuis, elle passa en plusieurs mains, et vient d'être vendue tout récemment en Angleterre à un M. Giordet, moyennant la somme de 1,500 liv. sterl. (37,300 fr.). C'est un magnifique volume in-folio, relié en velours et écrit sur deux colonnes. Il contient 449 feuilles de vélin, et est orné d'un riche frontispice en or et en couleur, et de quatre grandes peintures, qui montrent l'état de l'art à cette époque reculée. On y remarque de plus trente-quatre grandes lettres initiales, dorées et coloriées, qui contiennent des sceaux, des emblèmes, des devises et des figures historiques. Cette Bible est, à ce qu'on assure, dans un parfait état de conservation. Voici son titre : « Biblia Sacra latina, ex versione « sancti Hieronymi; codex membranaceus « seculi VIII, scriptus manu celeberrimi « Alcuini, venerabilis Bedæ discipuli, et Ca- « rolo Magno donatus, die qua Romæ coro- « natus fuit. »

NOTE L (page 43).

On ne peut préciser la date de cette ac- quisition. Mais voici un passage de Piganiol qui l'indique le plus exactement possible : je le cite tout entier, parce qu'il contient en outre quelques détails qui ne sont pas tout à fait étrangers à cette Notice : « Cet hôtel (de Cluny) est situé auprès de l'église[1] et dans la rue des Mathurins. Sauval s'est

---

[1] Elle n'existe plus aujourd'hui.

trompé lorsqu'il a dit que les abbés de Cluny avoient choisi le collége de ce nom pour
y faire leur demeure lorsque leurs affaires les
obligeoient de venir à Paris, jusqu'à ce que
l'abbé Pierre de Chaslus eût acheté le palais
des Thermes, que, depuis cet achat, on a
nommé l'hôtel de Cluny. Ce savant homme
ignoroit sans doute qu'avant que Pierre de
Chaslus eût acheté le palais des Thermes,
les abbés de Cluny faisoient leur demeure,
lorsqu'ils étoient à Paris, dans un hôtel qui
est assez près de la boucherie Saint-Germain-
des-Prés, et qui avoit été acquis par l'abbé
Bertrand, premier du nom, sur la fin du
XIIIe siècle, ou au commencement du XIVe.
Il y avoit fort peu de temps que Pierre de
Chaslus l'avoit augmenté de nouveaux bâtiments, lorsque l'université entreprit de le
troubler dans sa possession, sans qu'on
sache positivement pour quel sujet. Quoi

qu'il en soit, deux huissiers du parlement, par ordre des présidents, allèrent, le dimanche d'après la Saint-Martin d'été de l'an 1334, signifier à l'assemblée générale de l'université qui se tenait aux Mathurins, que l'abbé de Cluny et tout l'ordre avec ses biens et dépendances, en quelque endroit du royaume qu'ils fussent, étoient sous la protection du roi, tant par privilége spécial qu'à cause que l'abbé de Cluny étoit du conseil du roi. Comme je n'ai pu découvrir la date de l'acquisition du palais des Thermes par Pierre de Chaslus, j'ai rapporté ce trait d'histoire pour aller au plus près du temps où elle a été faite. Il est constant que Pierre de Chaslus ne fut fait abbé de Cluny qu'en 1322, et qu'il cessa de l'être en 1342, par sa promotion à l'évêché de Valence; or, par l'histoire que j'ai rapportée, il faisoit encore son séjour, l'an 1334, en l'hôtel qui étoit

auprès de la boucherie St-Germain-des-Prés;
donc, il n'a acquis le palais des Thermes que
dans l'espace de temps qui s'est écoulé depuis le mois de juillet 1334 jusqu'en 1342,
qu'Itier de Mirmande, surnommé *le Docteur
solennel*, lui succéda au gouvernement de
l'ordre de Cluny. Ainsi, au défaut de la date
de l'acquisition du palais des Thermes, nous
sommes sûrs du moins d'y toucher de bien
près, puisqu'il ne s'agit tout au plus que de
huit ans [1]. »

Le collège de Cluny (fondé en 1269 par
l'abbé Yves de Vergy) se trouvant situé auprès de l'emplacement actuel de la Sorbonne,
il est probable que ce fut la convenance du
voisinage qui détermina Pierre de Chaslus à

[1] Piganiol, *Description historique de Paris*,
T. VI, pag. 304 et suivantes.

faire l'acquisition du palais des Thermes.

NOTE M (page 43).

L'ordre de Cluny (première branche de celui de Saint-Benoît) remontait au commencement du xe siècle : il dut sa fondation à Guillaume-le-Pieux, duc d'Aquitaine, qui, en 910, fit bâtir aux environs de Mâcon l'abbaye de Cluny. Louis IV, dit *d'Outre-Mer*, confirma cette fondation, l'an 939, et sept ans après, le pape Agapet II déclara l'abbaye de Cluny et tous les monastères de sa dépendance exempts de toute sorte de juridictions des Ordinaires, et voulut qu'ils relevassent immédiatement du saint-siége (l'an 946).

Bernon, premier abbé de Cluny, n'eut d'abord sous ses ordres que douze religieux ; mais ce nombre fut presque aussitôt dépassé, et s'augmenta considérablement sous ses suc-

5.

cesseurs, saint Odon (en 927), saint Mayeul (en 948), saint Odilon (en 974), et saint Hugues (en 1049). La prospérité de l'ordre s'accrut de jour en jour, et au xıı^e siècle il était devenu si florissant et si célèbre, qu'il comptait près de deux mille monastères répandus en France, en Allemagne, en Italie, en Angleterre, en Espagne et jusque dans l'Orient.

L'abbaye de Cluny a donné à l'église les souverains pontifes Urbain II, Grégoire VII et Pascal II, ainsi que plusieurs cardinaux, archevêques et évêques. Les prélats les plus éminents se sont honorés du titre d'abbés de Cluny ; parmi les plus illustres, on cite les cardinaux Jean et Charles de Lorraine ; dom Claude de Guise (bâtard de la maison de Lorraine) ; le cardinal de Guise, Louis de Lorraine ; le cardinal Armand-Jean Duplessis de Richelieu, ministre d'État; Armand de Bourbon, prince de Conti; le cardinal Jules Mazarin; le cardinal Renaud d'Est; Emmanuel-Théodose de la Tour d'Auvergne, cardinal de Bouillon, grand-aumônier de France; le cardinal de La Rochefoucault, archevêque de Rouen, etc.

Les papes et les rois se plurent souvent à donner à cette abbaye des témoignages éclatants de leur affection et de leur estime : c'est ainsi que le pape Calixte II ordonna que l'abbé de Cluny aurait toujours le titre de cardinal; c'est encore ainsi que l'abbé de Cluny avait entrée, séance et voix délibérative à la grand' chambre du parlement, en qualité de *conseiller d'honneur né*[1].

---

[1] Piganiol, *Description historique de Paris*, T. Ier, p. 105.

Un ordre si favorisé et si répandu devait posséder d'immenses richesses. En effet, si nous ajoutons foi à l'*Histoire des Ordres monastiques*, « il étoit en possession d'un des plus beaux et des plus riches trésors de France. Ce trésor fut pillé jusqu'à trois fois, du temps des guerres des calvinistes, qui brûlèrent quantité de saintes reliques, et emportèrent plusieurs châsses de vermeil, un grand nombre de calices, de vases d'or et d'argent, et une infinité d'ornements en broderie; de sorte que l'inventaire du dernier pillage qu'ils firent au château de Hourdon où l'on avoit porté ce qu'il y avoit de plus précieux dans l'abbaye, monte au moins à deux millions de livres. La bibliothèque ne fut pas exempte de la fureur de ces hérétiques, qui la brûlèrent. Elle étoit curieuse en manuscrits; il y en avoit plus de mille huit cents, presque tous du travail des religieux, qui s'occupoient anciennement à copier les ouvrages des Pères et des autres [1]. »

La même histoire nous fournit un document curieux sur la grandeur et la magnificence de l'abbaye. On y lit :

« En 1245, le pape Innocent IV, après la célébration du premier concile général de Lyon, alla à Cluny, accompagné des patriarches d'Antioche et de Constantinople, de douze cardinaux, de trois archevêques, de quinze évêques, et de plusieurs abbés. Le roi saint Louis, la reine sa mère, son frère le duc d'Artois, et sa sœur, l'empereur de Constantinople, les fils des rois d'Aragon et de Castille, le duc de Bourgogne, six comtes,

[1] *Histoire des ordres monastiques et militaires,* par le P. Hélyot, T. V, 4e partie, chap. 18.

et quantité d'autres seigneurs, s'y trouvèrent dans le même temps, et tous avec une suite fort nombreuse, sans que les religieux quittassent aucun des lieux réguliers ; ce qui est une marque de la grandeur et de la magnificence de ses anciens bâtiments, qui, quoique ruinés en partie par les calvinistes, en 1562, ne laissent pas d'avoir encore une si grande étendue, que l'on ne peut s'empêcher de les admirer. Son église, qui est sans contredit une des plus grandes du royaume, a 510 pieds de longueur, 120 de largeur, et l'on y entre par un vestibule qui a 110 pieds de longueur, et 81 de largeur. Cette église est bâtie en forme de croix patriarchale[1]. »

L'abbaye de Cluny a été détruite à la révo-

---

[1] *Histoire des ordres monastiques et militaires,* par le P. Hélyot, T. VI, 4e partie, chap. 18.

lution de 1793; il n'en existe plus aujour-
d'hui que le couvent, occupé en partie par
le collége de la petite ville de Cluny (Saône-
et-Loire).

NOTE N (page 48).

Il y a quinze ans environ, un Anglais
offrit à M. Le Prieur, propriétaire de l'hôtel
de Cluny[1], d'acheter la chapelle pour la
transporter en Angleterre. La somme propo-
sée était considérable; néanmoins M. Le Prieur
refusa en disant : « Quoique je me sois occupé
« toute ma vie de commerce, et que votre
« offre doive plaire à un homme qui, comme
« moi, se connaît fort peu en architec-
« ture, si ma chapelle est aussi belle que
« vous le dites, je veux qu'elle reste en
« France. »

[1] Cet hôtel appartient aujourd'hui à sa veuve.

Note O (page 50).

Les anciens vitraux ont été en partie brisés, en partie transportés aux Petits-Augustins. Pendant la Terreur, le vandalisme révolutionnaire a mutilé et détruit les groupes de figures et les statues des saints. La chapelle elle-même faillit tomber sous les coups d'un maçon, chef de section, qui demeurait à l'hôtel de Cluny.

Aujourd'hui cette chapelle a recouvré une partie de son ancienne splendeur, grâce à la belle collection que M. Dusommerard possède dans les appartements du premier étage de cet hôtel. De riches vitraux, replacés aux ogives des fenêtres, ont rendu au sanctuaire son obscurité mystérieuse; des armoires, des stalles et des lutrins artistement sculptés, des figurines et des tableaux représentant di-

vers sujets sacrés, des ostensoirs, des missels,
des crosses d'évêque, des chasubles, en un
mot des ornements de toute espèce, meublent
le gothique oratoire des abbés de Cluny. On
a même retrouvé sous le badigeon, et ravivé,
comme aux premiers temps de la construction de l'hôtel, les belles peintures à fresque
du XVIe siècle, qui décoraient le pourtour de
l'autel.

Note P (page 50).

On lit aussi dans Piganiol : « On montre
dans la cour de cet hôtel le diamètre de la
cloche appelée *Georges d'Amboise*, qui est
dans une des tours de la cathédrale de Rouen,
et qui est tracé sur la muraille de cette cour,
où l'on assure qu'elle a été jetée en fonte[1] ».
Cette fameuse cloche n'existe plus depuis

[1] Piganiol, *Description de Paris*, T. VI, pag. 308.

longtemps : on l'a fondue pendant la révolution pour en faire des canons.

NOTE Q (page 51).

Ce fait est rapporté par plusieurs historiens ; mais aucun d'eux ne dit, il est vrai,
que le dénoûment ait eu lieu à l'hôtel de
Cluny : c'est de M. Dussommerard que je
tiens cette circonstance, mentionnée aussi
dans sa Notice. Il l'a puisée, dit-il, dans une
chronique anglaise ; mais il ajoute qu'il est
réduit à citer de mémoire, n'ayant pu re-
trouver le numéro du *Magazine* où il a lu
cette chronique avant qu'elle eût pour lui un
intérêt de localité. Du reste le travail de
M. Dusommerard est si consciencieux, que
j'ai pu m'autoriser de son témoignage.

Quoi qu'il en soit, si l'on peut contester
que le mariage de Marie d'Angleterre et de

Suffolck ait été célébré dans la chapelle même de l'hôtel de Cluny, du moins la résidence de la veuve de Louis XII dans cet hôtel ne peut être révoquée en doute. Voici, en effet, ce qu'on lit dans les mémoires manuscrits de Jean Barillon, secrétaire du chancelier Duplat : « Aussi, le dit sieur (François Ier) donna ordre que la royne Marie,

« veufve du feu roy Louis, dernier décédé,

« fust honorablement entretenue ; laquelle

« royne se vint loger en l'*hostel de Cluny*,

« et le dit sieur la visitoit souvent et faisoit

« toutes gracieusetés qu'il est possible de

« faire. »

Cette assertion positive d'un auteur contemporain explique l'ancienne tradition qui, jusqu'à nos jours, a sans cesse désigné sous le nom de *chambre de la Reine Blanche*, une salle située au premier étage, sur le jardin et à côté de la chapelle. Cette désignation doit évidemment venir du séjour qu'y a fait la veuve de Louis XII. A cette époque le peuple appelait souvent *reines blanches* les veuves des rois, parce qu'elles avaient coutume de porter le deuil en blanc.

Ajoutons, en terminant cette note, que les amours de Marie d'Angleterre et de Suffolck font le sujet du roman historique de M. Paul Lacroix, intitulé : *Le roi des Ribauds.* Comme nous, le savant romancier a placé à l'hôtel de Cluny le lieu de sa scène de dénoûment.

NOTE R (page 60).

« Cette aventure fut publiée par toute l'Europe, dit Le Laboureur[1], et les hugue-

---

[1] Additions aux Mémoires de Castelnau, T. II, pages 377 et suivantes.

nots ne l'oublièrent pas dans leurs libelles, et principalement dans une plainte qu'ils font faire au cardinal du peu de secours qu'on lui prêtoit pour l'exécution de ses desseins, où il parle ainsi :

Mesmes Paris entier, duquel le compérage
Envers mon frère et moy obligeoit le courage,
Me délaisse du tout. Je le puis voir ainsi,
Quant près saint Innocent me fit Montmorency,
Descendre de vitesse et gagner une porte,
Ma garde désarma, et mit à pied ; de sorte
Qu'elle ainsi mise en blanc grand déshonneur en a
Et. . . . .
Ah ! que j'ai de dépit qu'en abaissant ma corne
Il me fit en public recevoir telle escorne,
Sans que de se mouvoir nul homme fit semblant
En toute la cité, et que d'un cœur tremblant,
A lui le lendemain j'envoyay me soumettre,
Le requérant vouloir octroyer et permettre
Me retirer armé, de crainte des mutins.
Ce que de luy encor tout brave je n'obtins,

Ains m'en allay de nuit ; emmenant un bon nombre
Des miens ; si qu'en fuyant avois peur de mon ombre.
Oh! quel estois-je lors, ô combien différent
Estoit Charles nouveau, de ce Charles parent
De l'espouse à François ! Oh! que cette nuit coye
Différoit du plein jour auquel remply de joie
Je condamnay en roy, inique et déloyal,
A la cruelle mort, le juste sang royal. »

Note S (page 63).

L'abbaye de Port-Royal (de l'ordre de Citeaux), située près de Chevreuse, fut fondée en 1204 par l'évêque de Paris, Eudes de Sully, de la maison des comtes de Champagne et proche parent de Philippe-Auguste. Ce monastère, pauvre d'abord, ne tarda pas à acquérir de grands biens et de nombreux priviléges.

Sur la fin du XVIe siècle, il était tombé,

comme beaucoup d'autres, dans un grand relâchement. On n'y observait plus la règle de Saint-Benoît, et l'esprit du temps en avait entièrement banni la régularité, lorsqu'enfin, dans les premières années du siècle suivant, Marie-Angélique Arnaud entreprit d'y introduire la réforme. Cette zélée religieuse était née en 1591 : elle prit l'habit en 1599, à l'abbaye de Saint-Antoine de Paris, et fit profession à Maubuisson le 29 octobre 1600. Elle n'avait pas encore onze ans accomplis, quand, par un abus assez commun dans ce temps-là, elle fut nommée abbesse de Port-Royal, et c'est à l'âge de dix-sept ans seulement qu'elle commença à rétablir la règle dans son abbaye. Peu de temps après, elle se transporta dans plusieurs autres monastères qu'elle réforma pareillement. Enfin, après avoir édifié tout le monde par sa sagesse et sa piété, elle donna encore un exemple éclatant de son humilité et de son désintéressement, en introduisant au couvent de Port-Royal l'élection triennale des abbesses, et en se démettant elle-même de son titre en 1630.

Il serait trop long de parler ici des querelles théologiques que les Jésuites suscitèrent si longtemps contre Port-Royal, et pendant lesquelles l'abbaye fut défendue avec tant de génie par Pascal et le célèbre Arnaud[1]. Mais on n'oubliera pas que l'abbesse Marie-Angélique lutta sans cesse avec courage contre toutes les persécutions. Son dévoûment et sa fermeté ne s'éteignirent qu'avec sa vie. Cette illustre abbesse mourut le 6 août 1661, âgée de soixante-dix ans.

[1] Voir l'*Abrégé de l'Histoire de Port-Royal*, par Racine.

L'abbaye de Port-Royal des Champs subsista jusqu'au mois d'octobre 1709, époque à laquelle ce monastère fut démoli, et les religieuses dispersées et réparties dans plusieurs couvents du royaume. Quant à l'abbaye de Port-Royal de Paris, on la supprima en 1790, et l'on convertit ses bâtiments, pendant la session de la convention nationale, en prison révolutionnaire. En 1801, on y plaça l'institution de la *Maternité*, et en 1804 l'*hospice de l'Accouchement* [1].

Note T (page 68).

Delisle (Joseph-Nicolas), né à Paris en 1688, se consacra dès sa jeunesse à l'étude des mathématiques et de l'astronomie, et l'éclipse totale de soleil du 12 mars 1706 lui fournit l'occasion d'approfondir plus spécia-

---

[1] Dulaure, *Histoire de Paris*, T. V, pag. 398 et 399.

lement cette dernière science. L'Académie des sciences lui conféra une place d'élève en 1714, et cette distinction fut pour lui un encouragement à de nouvelles observations, dont plusieurs très importantes sont consignées dans les *Mémoires* de cette Académie. Il fit en 1724 le voyage d'Angleterre et fut fort bien accueilli par Newton et Halley. Appelé en Russie par l'impératrice Catherine II en 1727, pour y former une école d'astronomie, il établit dans ce pays un bel observatoire, se livra à de grands travaux, tant en astronomie qu'en géographie, les continua à son retour à Paris, où il était lecteur au collége de France, et où il eut entre autres élèves distingués Lalande et Messier. Delisle mourut en 1768. On a de lui plusieurs ouvrages, et il a laissé des portefeuilles remplis d'observations, de notes, etc., et qui, achetés par le roi, ont été placés dans le dé-

pôt des plans et des journaux de la marine,
à Paris.

NOTE U (page 68).

Lalande (Joseph-Jérôme Lefrançais de),
né en 1732 à Bourg en Bresse, fut placé de
bonne heure dans un couvent de jésuites, et
s'y fit remarquer par une dévotion méticu-
leuse. A l'âge de dix ans, il composait des
romans et de petits drames mystiques. Par-
venu en rhétorique, il se passionna pour
l'éloquence, et voulut être avocat; mais quand
le P. Béraud lui eut fait observer à Lyon la
grande éclipse de 1748, il n'hésita plus; il se
sentit astronome; et, pour se vouer plus fa-
cilement à cette carrière, il résolut de se faire
jésuite; toutefois ses parents l'envoyèrent à
Paris, où il se fit recevoir avocat pour leur
complaire. Ce fut durant les premiers temps

de son séjour dans la capitale, que, travaillant
chez un procureur qui demeurait à l'hôtel de
Cluny, il fit la connaissance de Delisle, et fit
ses premiers essais en astronomie dans l'observatoire de ce savant. Admis dès lors dans l'in-
timité de plusieurs astronomes distingués, il ne
tarda pas à faire tous les progrès qu'on avait
droit d'attendre d'un tel élève, dirigé par de tels
maîtres. Envoyé à Berlin pour une observa-
tion qui devait déterminer la distance de la
lune à la terre, Lalande fut reçu membre de
l'Académie des sciences à son retour, en
1753. Onze ans plus tard, il succéda à Delisle dans la chaire d'astronomie au collége
de France, et non content d'en remplir avec
assiduité les fonctions pendant quarante-six
ans, il fit de sa maison une sorte d'école
pour la science : il y logeait et nourrissait
plusieurs jeunes gens peu aisés, mais doués
d'heureuses dispositions. Cette noble con-

duite lui ayant valu une pension de 1000 fr.,
qu'il n'avait pas sollicitée, il la consacra
aussitôt à l'éducation d'un nouvel élève.
D'autres astronomes ont brillé d'un éclat
plus vif, d'autres ont fait des découvertes
plus nombreuses et plus importantes; il n'en
est pas qui ait, autant que Lalande, contri-
bué à répandre le goût et la connaissance de
l'astronomie; et presque tous les savants en
ce genre que, depuis, la France a possédés,
se sont formés à ses leçons, ou à la lecture
de ses ouvrages. Lalande mourut à Paris
en 1807.

Note V (page 68).

Messier (Charles), né en 1730 à Badon-
viller en Lorraine, n'avait, lorsqu'il vint à
Paris, en 1751, d'autre recommandation
qu'une écriture nette et bien lisible, et quelque habitude du dessin. Il entra chez Delisle

pour tenir ses registres d'observations, et fut formé par Libour, secrétaire de ce célèbre astronome, aux observations journalières de l'astronomie, à celles des éclipses et à la recherche des comètes. Nommé plus tard, par le crédit de Delisle, commis du dépôt des cartes de la marine, avec des appointements de 500 francs par année, il reçut en outre de son protecteur le logement et la table. Celui-ci, qui croyait avoir suffisamment payé les travaux de son élève, garda pour lui les observations que Messier fit sur les comètes de 1758, 1759 et 1760.

Lorsque le vieil astronome abandonna la science pour la dévotion, Messier, devenu plus libre, s'occupa de ses recherches favorites avec plus d'ardeur et de succès; et, pendant quinze ans, presque toutes les comètes qui furent découvertes, le furent par lui seul.

Il fut élu successivement aux académies de Berlin et de Pétersbourg, et en 1770 à celle de Paris. Déjà depuis quelque temps son titre de commis avait été changé en celui d'astronome de la marine.

Cependant les blessures les plus graves, causées par une chute terrible, vinrent interrompre ses travaux pendant plus d'un an. Devenu académicien-pensionnaire à son tour, il vit supprimer, quelques jours après, l'académie, sa pension et le traitement qu'il recevait de la marine. Malgré les embarras de sa position, il continua ses travaux, que l'Institut, le bureau des Longitudes et la Légion d'Honneur récompensèrent enfin sous un régime meilleur. Il vit des jours heureux dans une vieillesse qui fut longtemps sans infirmités, et mourut en 1817.

Lalande avait consacré à la mémoire de cet infatigable observateur, une nouvelle constellation, sous le nom du *Messier* ou *Garde-Moisson*, qu'il forma de quelques étoiles éparses entre Céphée, Cassiopée et la Girafe.

TABLE

www.ingramcontent.com/pod-product-compliance
Ingram Content Group UK Ltd.
Pitfield, Milton Keynes, MK11 3LW, UK
UKHW020922140726
13695UKWH00003B/926